图案里的中国故事

劳动百图

主编 沈泓

全国高校出版社主题出版
重庆市出版专项资金资助项目

重庆大学出版社

图书在版编目（CIP）数据

图案里的中国故事. 劳动百图 / 沈泓主编. -- 重庆：重庆大学出版社，2022.6（2023.11重印）
ISBN 978-7-5689-3193-9

Ⅰ. ①图… Ⅱ. ①沈… Ⅲ. ①中华文化—通俗读物 Ⅳ. ①K203-49

中国版本图书馆CIP数据核字（2022）第065997号

图案里的中国故事 · 劳动百图
TU'AN LI DE ZHONGGUO GUSHI · LAODONG BAITU
主 编 沈 泓

策划编辑：刘雯娜 张菱芷
责任编辑：张菱芷
版式设计：琢字文化
责任校对：王 倩
责任印制：赵 晟
*
重庆大学出版社出版发行
出版人：陈晓阳
社址：重庆市沙坪坝区大学城西路 21 号
邮编：401331
电话：（023）88617190 88617185（中小学）
传真：（023）88617186 88617166
网址：http：//www.cqup.com.cn
邮箱：fxk@cqup.com.cn（营销中心）
全国新华书店经销
重庆新金雅迪艺术印刷有限公司印刷
*
开本：787 mm × 1092mm 1/16 印张：8 字数：144 千
2022 年 6 月第 1 版 2023 年 11 月第 2 次印刷
ISBN 978-7-5689-3193-9 定价：58.00 元

总序

中国的传统图案历史悠久，是中华优秀传统文化的形象载体，具有跨越时空的审美价值。中国各民族创造的绚丽多彩的图案艺术，是中国民间美术造型的重要组成部分，它蕴含着各民族社会生活、历史文化、风俗习惯和美学观念等丰富内涵，与中国文化史、中国思想史、中国美术史、中国民俗史等诸多领域的知识体系紧密相关。

每个时期的地域文化，都会产生它特有的艺术形式。透过传统图案的纹样、造型设计和装饰现象，人们可以窥视到某个民族、某个地区、某个时期、某种文化的具体表现。传统图案犹如社会生活的一面镜子，不仅映射出各族人民劳动和生活的方方面面，而且也以其独特的造型艺术语言反映了各族人民的造物活动、情感生活与生命追求。传统图案中的每一个纹样、每一种形象、每一幅构图都不是孤立存在的，它们就像历史文化长河中的一叶小舟，可能还负载和积淀着那些至今尚未被科学认知的、充满原始神秘色彩的多种文化信息与符号象征。

源远流长的中国传统图案具有深刻的文化内涵。它产生于民间，为社会各阶层所接受，经过千百年来的不断创新和发展，其内容和表现形式愈加丰富多彩，充分体现了劳动人民的艺术想象力和创造力。它所表现的观念意识在中华民族中具有普遍意义，折射出的时代背景、社会心态、民族心理和审美情趣，

已远远超出了传统图案纹样本身的价值和意义，人们能从中感悟到丰厚的文化底蕴，这是人类对幸福美好的渴求与生命的礼赞。然而，若要真正了解和理解这一切，离不开对中华民族特有的思维方式和表达方式的深刻把握。

20 世纪 20 年代，中国学者就开始对中国传统图案进行整理和研究，至今已有一百多年的历史。传统图案是展现在人们面前的一幅民俗风情长卷，它结合了各族人民的节令习俗、人生礼仪和游艺活动等，以喜闻乐见的形式，在民间的文化生活中发挥着巨大的作用。在昔时漫长的岁月里，各民族群众为了摆脱自己的困苦，在与自然的搏斗和与命运的抗争中，常借助对某些事物的幻想以寻求精神上的慰藉。在对传统图案进行研究时会遇到许多错综复杂的问题交织在一起，某些美丽的图案被罩上了一层神秘的色彩，而这些图案中又寄托着各族人民的美好愿望。因此，这些传统图案作为一种文化现象，有待我们进行深入细致的研究。

习近平总书记多次强调弘扬中华优秀传统文化，提出“要加强对中华优秀传统文化的挖掘和阐发”；中共中央办公厅、国务院办公厅 2017 年 1 月印发的《关于实施中华优秀传统文化传承发展工程的意见》，提出“到 2025 年，中华优秀传统文化传承发展体系基本形成”，要求“各类文化单位机构、各级文化阵地平台，都要担负起守护、传播和弘扬中华优秀传统文化的职责”。

沈泓主编的“图案里的中国故事”丛书正是在这一时代背景下进行创作的。他视野独特，通过传统图案讲述中国故事，既贴合弘扬和传播中华优秀传统文化的思想精华和道德精髓的主旨，又符合具有趣味性和可读性的读者需求。这套丛书的可贵之处是它来自民间沃土、来自活水源头。为写作这套丛书，沈泓自费走遍全国大部分省、自治区、直辖市，从偏僻山乡到田野阡陌，寻访民间年画、剪纸、纸马、水陆画、雕刻等方面的手工艺人；从深山古寺到寂寥古巷，寻找和收集中国传统图案。这套丛书的最大亮点和不可替代性是他以二十多年来收藏的六万多张年画、剪纸、纸马、水陆画、神像画、拓片等原作，以及已故民间艺术大师的精品、孤品作为底本，增强了图说文字的可信性与权威性。

“图案里的中国故事”丛书，按专题分卷，每卷一百幅图，以图为主导，图文并茂地讲述了传统图案里的中国故事。作者不是简单地整理分类，而是深入研究和阐述这些图案的典故和寓意，注重传统图案背后的民俗知识和文化内涵，生动描述其来历和传说故事，深入浅出，娓娓道来。虽寥寥数笔，但旁征博引，言简意赅，在认识论和方法论上都有新的突破，让读者不仅能获得审美愉悦，还能看到无限辽阔的精神境域。该丛书中的传统图案主要选自中国非物质文化遗产代表性项目年画、剪纸等，其中有许多是鲜见或即将消失的传统图案。随着时代的发展，现代社会的人们在继续应用这些传统图案时，其蕴含的积极意义必将随着人们新的认识和理解而得到升华。而在民间，传统图案所代表的美好、善良的愿望，依旧是人们克服一切困难、掌握自己命运和意志的体现。

“图案里的中国故事”丛书对濒危非遗项目的抢救性整理出版具有紧迫性，对实现中华文明创造性转化和创新性发展具有重要意义。

是为序。

孙建君

2022年夏

劳动

劳动是美丽的，中国的传统图案中不乏歌颂表现先民热爱劳动、辛勤劳作的画面。《图案里的中国故事·劳动百图》选用了汉画像石拓片、汉画像砖拓片、历代石刻拓片、木版画、民间年画等图案，尤其是年画里的许多劳动图案，如凤翔年画《男十忙》《女十忙》、武强年画《农家勤忙》、杨家埠年画《包公割麦》、潍县年画《渔樵耕读》等，以及表现劳动生产的纺织图、放牧图等图案，讲述劳动故事，讴歌劳动之美。

这些图案记载了中国古代生活和劳动风俗，记录着中国的传统故事和劳动生活，为我们讲述了时代变迁下的中国劳动历史。其中，“渔樵耕读”代表了中国

古代农耕社会的“四业”，即捕鱼的渔夫、砍柴的樵夫、耕田的农夫和读书的书生，“四业”中以渔为首，樵次之，代表了汉族劳动人民的基本生活方式和价值取向。如果说耕读面对的是现实，蕴涵入世向俗的道理，那么渔樵的深层意象则是出世问玄，充满了超脱的意味。因此，渔樵耕读是很多古代画家乐意绘画的题材，瓷器、木雕、石雕、刺绣等古代器物及民间年画、剪纸等民俗画中都常常以渔樵耕读图案为主题。

可见，中国传统的劳动图案，不仅刻画了底层劳动人民辛勤劳动的场面，还呈现了文人墨客的诗情画意，以及对人生的思考和感悟。这些图案是对当时当地劳动生活习俗的真实写照，它们在表现劳动风俗的同时，也表现了生活风俗及时代精神。从笔者个人喜好来看，表现生产劳动风俗的图案更惹人喜爱，其中《耕织图》《棉花图》等创造了中国古代劳动图画的巅峰，而表现劳动生活的年画图，完全淡化了年画主流之神像画的神仙气息，走向现实，离人生更近，生活气息浓郁。

本书中表现劳动生产的图案除了渔樵耕读、庄稼忙、男十忙、女十忙、纺织图外、渔家乐、放牧图外，还有采摘图、养殖图、刺绣图、烹饪图等。事实上，劳动图案题材广泛，本书所列只是沧海之一粟，因“百图”篇幅所限，不能尽录，但也力求做到窥一斑以知全豹，达到滴水见太阳的效果。

沈　泓

2021 年冬

目录

农事图

神农田祖的故事

一

盘古开天辟地

·滕州汉画像石拓片·

这块东汉画像石出土于山东滕州。图案讲述的是盘古开天辟地的故事。图案右边的圆球代表天、太阳，正方形中的凿纹地代表大地。图案左侧的盘古赤身裸体，头生三角，睁大双目，站在天地之间，双手奋力托举，闭嘴运气，不让天地重合。盘古右侧是双龙绞颈。盘古左侧为一老一幼的连理树。这三个主图分别象征着盘古开天后远古时代的三皇氏之首伏羲、继位者女娲和神农。

盘古开天辟地属于神话题材，亦可归入劳动题材。明末周游的《开辟衍绎》中，盘古手中加上了斧头和凿子这两件劳动工具，寓意劳动开辟天地。故此图可列为劳动图案之首。劳动开天辟地，有了天地才有万物生长，才有人类的劳动。

神农

·嘉祥汉画像石拓片·

神农氏是我国原始农业的发明者，他教人们开垦土地、播种五谷，带动了原始社会后期由渔猎畜牧到农业经济的转变和发展。关于神农，有很多传说，其中流传最广的是铲草兴锄传说。神农氏种庄稼，人们用石片在地里敲着、喊着："草死，苗长。"后来草不死了，神农拿铲子铲草，铲子弯了，便翻过来扒，比铲着轻松，从此有了锄。

嘉祥汉画像石拓片《神农》表现了神农拿铲子铲草的画面，神农创制斤斧耒耜，"以垦草莽"，被后世尊为农业之神。

田祖

·滑县年画·

从字面上看，田祖是耕田之祖先，即农事之祖。关于田祖，古籍记载有多种说法和多种传说。《周礼·春官》中有“凡国祈年于田祖”，此处的田祖被认为是指神农氏；《小雅·甫田》中有“琴瑟击鼓，以御田祖。”毛传认为田祖是先啬。还有人认为田祖是后土、田正等。孔颖达和陈启源认为田祖、先啬、神农是“一神而名不同”。《山海经》指叔均是田祖，从《大荒西经》等记载可知，叔均是后稷的后代，继承了后稷播种百谷的才能，并“始作牛耕”，有抗旱兴雨的本领，所以古代滑县等地有《田祖》年画，用于祭祀田祖，求得风调雨顺、牛耕顺利。

灌溉图

·元代山西画像石·

传说炎帝教会了人们种植五谷和除草的方法，带领大家制作耒耜、耕翻土地，不断地扩大种植面积。随后，炎帝又教人们打井汲水，对农作物进行灌溉。《灌溉图》刻画的是三人汲井水灌溉的场景，左边一人一手扶井架，一手提井绳，右边一人肩搭井绳拉拽，中间一人掘畦放水。《灌溉图》表现了古代农人按照炎帝教导的方法灌溉农田，画面完美呈现了三位农人分工协作、和谐自然的情景。

牛耕图

·清代北京木版画·

牛耕是我国古代农业的耕作方式演变的最终结果，古代的耕作方式经历了刀耕火种、耜耕（石器耕锄）和铁犁牛耕三个阶段。“刀耕火种”是远古人类在初春时期，将山间树木砍倒，放火烧作肥料，第二天乘土热下种，等待收获。两三年后，土肥枯竭，人类要另觅新地重新砍烧种植。六七千年以前，古人进入“石器锄耕”或“耜耕”的“熟荒耕作制”的阶段。商周时期，出现了青铜农具，春秋时期开始使用铁农具，战国时期普遍使用铁农具，从此，铁犁牛耕成为中国传统农业的主要的耕作方式。清代北京木版画《牛耕田》，生动地表现了古代农业的这一主要的耕作方式。

耙地图

·清代北京木版画·

牛耕之后还要整理土地，将田地上的泥土打碎、蓬松、细化、平整后，才能进行播种。有些狭窄的田地或山地，不能牛耕，或没有牛耕条件，农民只能用耙和锄等农具整理土地。清代北京木版画《耙地图》，刻画了两个农民正在用耙和锄整理土地的场景，他们挥汗如雨，十分辛苦。

播种图

·元代山西画像石·

传说女登在姜水河畔生下了一个牛首人身的孩子，这个孩子长大后继任为有蟜（jiǎo）氏部落的首领，被称为炎帝。一天，一只周身通红的鸟儿衔着五彩九穗的谷粒飞过，九穗谷掉在了炎帝面前，炎帝将穗谷埋在土壤里，后来五谷和杂草长在一起，炎帝就一样一样地尝，一样一样地试种，最后，他从中筛选出了菽、麦、稷、稻、麻五谷种植。炎帝将木料砍削成翻土耒耜，在种谷的地里翻土，其忘我劳动的精神感动了众神，于是，玉皇大帝派太阳神、雨神和土地神一起来帮助炎帝种植。《播种图》表现的正是中国古代的这个著名神话故事——炎帝教人播种五谷。图中右侧为炎帝，臂挽水罐正在指教农夫如何松土播种。

牛耕图

·滕州汉画像石拓片·

图中一牛一驴拉犁，一人扶犁耕地，一人扛镢头随后，前面一人持钵，一人仰躺在一大猪身上。为何牛耕图上有猪，而且猪比牛还大呢？原来古代还真有猪代牛耕的故事呢。

灌溉图

·清代北京木版画·

画面上左边一人手摇辘轳打水，右边一人掘畦放水，刻画出了古代农夫辛勤劳作、以图丰年的场景。

男十忙

男子耕种的故事

二

中国自古就有“男耕女织”的分工，民间年画艺人创作了《男十忙》《女十忙》系列年画，表现古代“男耕女织”的生活状态。《男十忙》《女十忙》表现的是普通劳动人民，把男子、妇女在十个节气中的活动，概括到两个画面上，描绘出古人农民辛勤劳动的场面，颂扬勤劳风尚，教授人耕作知识。

男十忙

·凤翔年画·

男十忙

·凤翔年画·

每年立春之后，开始进入农忙时节，人们要修农具、植树木，开始春耕、锄草、春猎……陕西凤翔年画《男十忙》表现的就是一年四季春种秋收的田间劳动和农忙活动，反映了中国传统的勤劳美德。男十忙是指哪“十忙”呢？通常而言，主要是指耕地、牧牛、播种、墩苗、锄草、收割、晒稻、扬场、搬运（包括扛、捧、推、挑等搬运劳动）、储存等农活的劳动生产过程。这些大多在凤翔年画《男十忙》中表现出来。

男十忙

·杨家埠年画·

男十忙在各地年画中有多种图案，从形式上看，主要有竖幅和横幅两种形式，陕西凤翔年画《男十忙》是竖幅，山东杨家埠年画《男十忙》则是横幅。画面内容大同小异，不外乎是春耕、播种、割麦、运输等景象。

杨家埠年画《男十忙》，是现存较早的杨家埠木版年画的代表作之一，约产生于清嘉庆元年（1796 年）。该年画表现了农村男子从种麦到收麦的整个生产过程，将生长期八个月的冬小麦，从耕、种、压、锄到收割、运输等不同季节农活集于一画，画面集中、概括，富有感染力。

男十忙

《男十忙》年画有多个版本，即使是同一年画产地往往也有不同的版本，这是杨家埠年画《男十忙》的另一版本。前面的《男十忙》是清版，由杨家埠年画社印制出品；这张《男十忙》则为杨家埠和兴永店出品。两张《男十忙》年画的构图大致相同，不同的是，这张年画突出了人物头部，头大身子小，画面显得更饱满、粗犷；另一个不同是，这张《男十忙》上面刻了一首诗：“人生天地间，土地最为先，开春就种地，丰收太平年。”两张《男十忙》年画都表现了农民从种到收，一年四季的劳动过程。

男十忙

·南通年画·

男十忙

·南通年画·

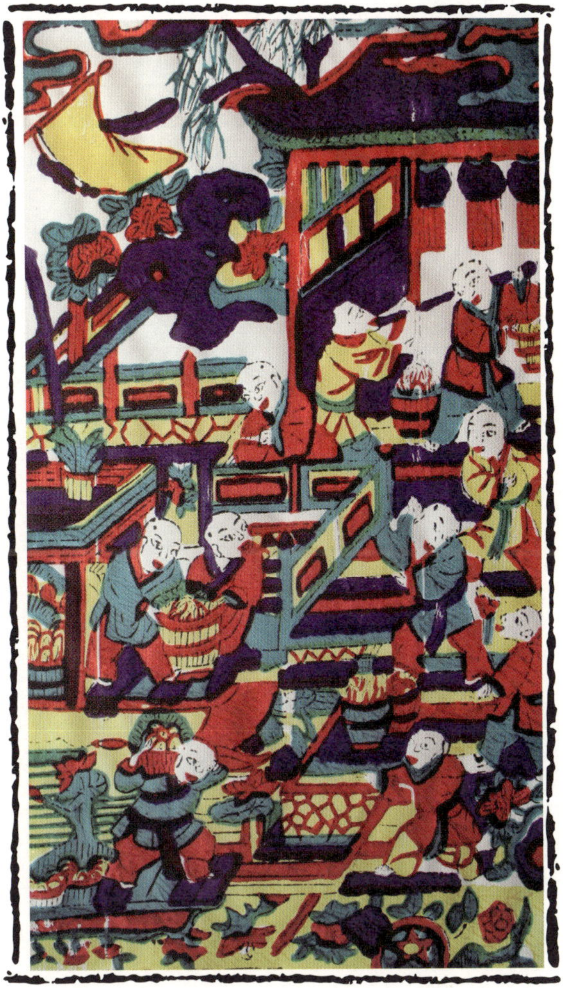

南通年画《男十忙》和凤翔年画《男十忙》一样，也是竖幅，两张一套，画面内容则和凤翔年画不同，主要表现采摘和搬运的劳动场景，展示出果实丰收、一派繁忙的喜气洋洋的气氛。因此，亦有人将此画名为《百子图》。

女十忙

三

女子纺织的故事

中国盛产棉花，自古“男耕女织”的分工使农家妇女从小就耳濡目染，熟悉棉花种植和棉花纺织，且多是纺线能手。《女十忙》是《男十忙》的姊妹篇，表现的是农家女从纺纱到织布的生产程序，将不同工序以及不同动作、不同场景、不同工具纳入两个画面，既紧张热烈，又相互连贯，让人觉得真实动人，充满农业文明时代男耕女织的生活气息。

女十忙

·凤翔年画·

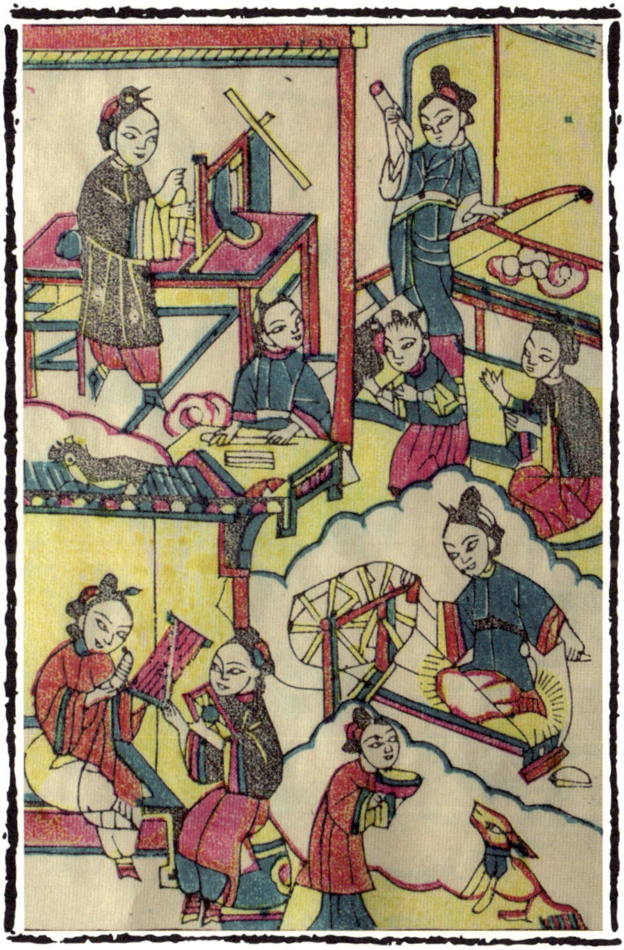

女十忙

·凤翔年画·

凤翔年画《女十忙》，将古代农家妇女利用棉花织成布的流程刻画在两张年画上，展现了纺织的全部工艺流程：弹花、搓股卷、纺线、拐线、浆线、打筒、接线、引线、缠纬纱和织布，十个操作流程被刻画得淋漓尽致、栩栩如生。简练概括、大胆装饰是《女十忙》显著的艺术特色，画中刻画出古代农家妇女典型的发式和装束，以及人物的劳作动态和生产用的各种工具。年画色彩以红、绿、黄、紫为主，先印墨线版，再套色印刷，一色一版。

纺织图

·漳州年画·

说到中国古代纺织，不得不说说黄道婆的故事。生于南宋末年的黄道婆是松江府乌泥泾镇（今上海龙华）人，她十二岁时因不堪忍受公婆虐待，半夜从柴房屋顶逃了出来，躲在一条停泊在黄浦江边的海船上，随船逃至海南崖州。淳朴的黎族同胞将当时先进的纺织技术传授给她，黄道婆熟练掌握了各种棉纺和织布技术，成为当地技术精湛的纺织能手。中年后的黄道婆思乡心切，带着自己心爱的踏车、椎弓等纺织工具，重返故乡松江府乌泥泾，将黎族先进的棉纺织生产经验与汉族纺织传统工艺结合起来，系统地改进了从轧籽、弹花到纺纱、织布的全部生产工序，创造出许多新的纺织工具。从漳州年画《纺织图》可见黄道婆发明创造的纺车和纺织工艺之一斑。

三娘训子
·朱仙镇年画·

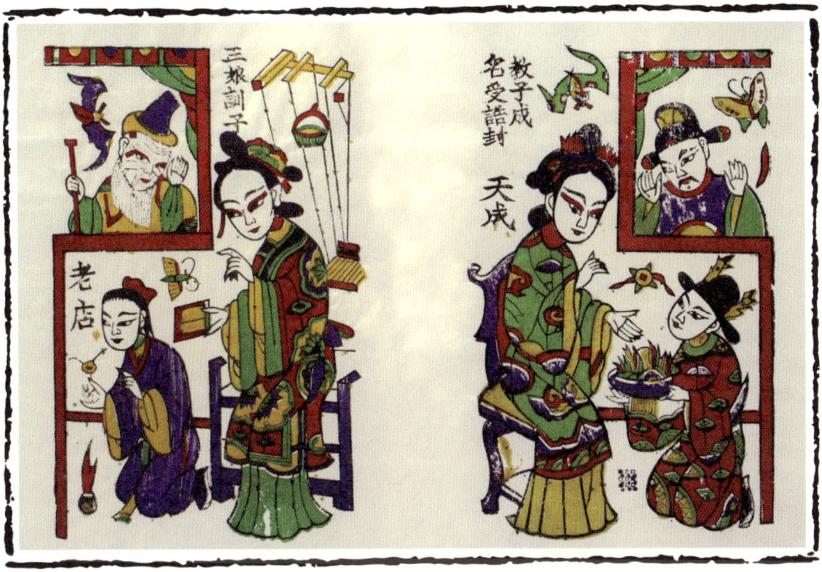

《三娘训子》与《三娘教子》同为一个故事，源自明末清初小说家李渔的《无声戏》中的一回。故事描写明代有一位儒生薛广，家有三房妻妾，他多年在镇江经商。一天，薛广托同乡从镇江给妻妾们带回五百两银子。谁料，所托非人，同乡将银两贪为己有，并买一空棺停于郊外，回乡报知薛家，谎称薛广已客死异乡。薛妻张氏、妾刘氏和王氏得信后十分悲痛，差老仆薛保迎回空棺安葬。随后，家道中落，妻张氏、妾刘氏先后改嫁，唯有妾王氏三娘守节。于是，三娘王春娥含辛茹苦地靠帮人织布抚养刘氏幼子倚哥。倚哥虽非三娘所生，三娘却把倚哥送到学堂读书，教子甚严。

三娘教子

·尉氏年画·

一日，倚哥在学堂受学童奚落，说他是无娘的孩子，便怒气冲冲地回家向三娘大发脾气，三娘苦口相劝，无奈倚哥少不更事，出言顶撞，不认三娘为母。三娘眼见辛苦付之东流，怒打倚哥，用刀砍断机布，折断机杼以示决绝。义仆薛保极力劝解，帮三娘教导倚哥。三娘方用家中不幸遭遇教子，勉励倚哥奋发。倚哥知错，跪求母亲原谅。母子终于和好如初。

后来倚哥高中状元，在外经商的薛广也弃商从文，苦读诗书，科举得中，被皇上御赐诰命冠服。薛广得功名回家，一家团圆。皇上封苦尽甘来的三娘为诰命夫人，御赐双冠诰命。此竖版《三娘教子》图左上刻“教子成名受诰封”，三娘身着锦袍端坐凤椅，高中后的倚哥衣锦还乡，双膝跪地手捧凤冠，向母亲跪谢养育之恩。窗外，戴官帽、着官服的父亲薛广喜形于色，一家三口其乐融融，画面充满大团圆的喜庆色彩。

三娘教子
劉記

图为《三娘教子》的横版。三娘王春娥手拿课本，坐在织布机前辅导倚哥背诵诗文，不愿读书的倚哥被三娘罚跪。左为老仆薛保，带倚哥（中）跪求王春娥（右），为母子调和，倚哥跪地掰着手指头似在算数。此《三娘教子》图描绘了倚哥表示悔过的一幕。

三娘教子

·高密年画·

很多年画产地都有《三娘教子》图，有些年画已经淡化了“女十忙”图中的纺织主题，而成了单纯的教子图，但人们看到这类图，还是不由自主地想到《机房训子》《三娘教子》图中的纺车和纺织劳动。这说明《三娘教子》故事中母亲织布的勤劳形象是多么深入人心，也说明了《三娘教子》图案对中国教子文化的深刻影响。

纺织图

·汉画像石拓片·

此图为出土于安徽宿州市萧县的东汉画像石拓片。画像石分为三格，下格为纺房，三女子正在纺织劳动，右边女子手摇纬车，三只纱锭在缫车边翻动着；左边织女右手拿梭，左手接身后女子递过来的工具，两脚不停地踩踏蹑；织机摇晃得厉害，后面的人使劲稳住机台。楼上数人在闲谈品评，亭上两只凤鸟象征吉祥。中格六位贵妇穿着轻柔飘逸的新衣，似在载歌载舞。上格为头生羊角的凤凰，其口中衔珠，祥鸟瑞兽云集。

图中下部，一纺织女子在斜式织机前，脚踏提综；图下右部，一纺线女子正在整理丝线输送给纺织女子，一派紧张、繁忙的景象。斜式织机是汉代纺织领域的一大发明，当时处于世界领先水平，甚至比数百年后6世纪欧洲立式织机更为方便和先进。江苏徐州铜山汉画像石拓片《纺织图》不仅展示了中国汉代纺织工艺成就，也生动表现了汉代纺织劳动场景。

纺织图

·画像石拓片·

这是20世纪版画家对铜山汉画像石《纺织图》局部的复刻，源于原石，但比原作更加精细，表现了汉代中国当时远远领先于世界的高超的纺织工艺和纺织技术。

纺织图

·元代山西画像石拓片·

纺织图

·元代画像石拓片·

忙碌了一天的劳动妇女，夜以继日，挑灯纺线。画面令人想到十二岁时就给人家当童养媳的黄道婆，白天她下地干活，晚上纺线织布到深夜，十分辛劳。此图为元代山西画像石拓片。正是在元朝元贞年间，黄道婆指导木工师傅反复试验，把用于纺麻的脚踏纺车改成三锭棉纺车，使纺纱效率提高了两三倍，操作更省力。黄道婆还总结了一套比较先进的“错纱、配色、综线、挈花”的织造技术，热心传授，使上海松江乌泥泾出产的被、褥、带、帨等棉织物上有折枝、团凤、棋局等各种美丽图案，鲜艳如画，“乌泥泾被”不胫而走，淞江一带成为全国的棉织业中心，淞江布匹“衣被天下”，黄道婆因此被誉为“纺织祖师”。

染织图

·北魏洛阳画像石·

此石刻出土于河南洛阳宁万寿墓，为北魏画像石。图中九人，有的执水壶，有的执盘，有的煮物，有的在染织，艺术再现了南北朝时期染织工艺和染织劳动场景。清代有一张《染浆线》木版画，与此画异曲同工，刻画了古代四位女子染浆线紧张劳作的场景，地上的盆和水盂是染浆线工具。浆线是将纺出的线经过浆洗，以达到挺直坚韧的目的。染浆线的目的是用染色料染成所需颜色，古人染布大多是就地取材，使用当地矿植物原料。如灰色是用草木灰或者淤泥染成，黄色是用石榴皮或槐米水煮染成，红色是用高粱壳和水煮沸染成等。

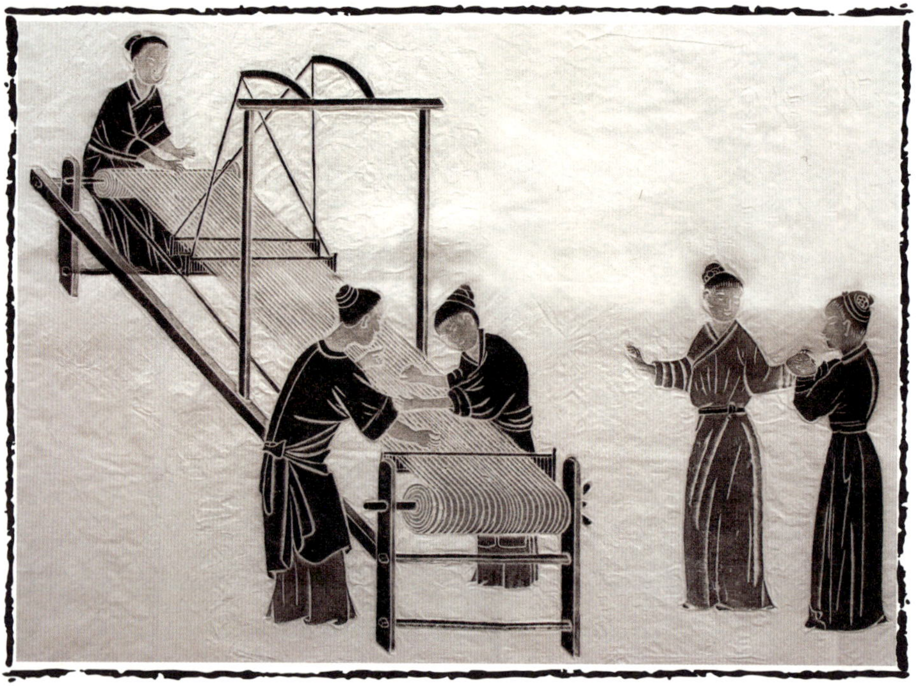

纺织图

·清代北京木版画·

图为清代北京木版画《纺织图》。图左一纺织女子正在蹬机，两位纺织女子在纺织机上理线。图右两位也是机房纺织女子，两人正在匆匆交谈，其中一女子手抱小孩，一女子谈完事项张开双臂正要回到织机前劳动。古代纺织全靠手工，工序复杂。织布前，还需浆线和染线。完成染浆线这道工序后，纺织女子进入机房，将线缠绕在轴上，然后上机织布。

整理布匹

·清代木版画·

该图为清代北京木版画，刻画了三个女子在整理织好的布帛的场景。此时，整个纺织流程业已完成。

农家勤忙

插秧割麦的故事

四

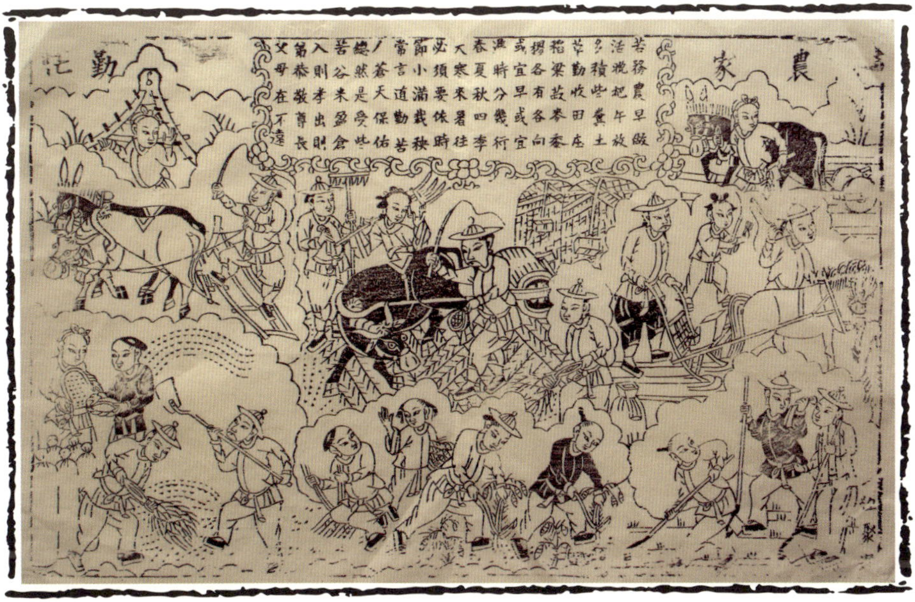

武强年画《农家勤忙》创作于明清时期，画面上绘刻有二十多位农民在田间劳作，耕地、播种、锄草、打场等，一张小画通过合理的布局，表现出大跨度的时空跳跃，活灵活现地呈现出一幅欢快的农家勤忙景象。画的上端刻有一段颇有趣味性及教育意义的顺口溜：“若务农早做活晚把牛放，多积些粪土草勤收田庄。稻粱莜麦稷各有各向，或宜早或宜迟时分几行。春夏秋四季大寒来暑往，必须要依时节小满栽秧。常言道勤苦人苍天保佑，纵然是受些苦谷米盈仓。入则孝出则弟恭敬尊长，父母在不远行……”顺口溜没有写完，且有多处错别字，表现出民间艺人刻版的随意性，但口语化的质朴的语言，表现出了古代农民淳朴的生活劳动理念。

插秧图

·清代北京木版画·

画中描绘插秧大忙季节，一派紧张繁忙的劳动景象，有的农人在插秧，有的农人在运苗。运苗的两个农人抬着大大的一筐秧苗，从窄窄的田埂上走过来。看到此画，不禁令人想到一个流传在乡间的故事：秀才张某恃才傲物，一天，在田垄上遇一挑泥农夫，不肯让路，两人均不得过。农夫笑道："我有一联，君若能对，愿下田让道。"秀才满口应承。农夫曰："一担重泥拦子路（寓一旦仲尼遇子路，先生给学生出了难题）。"张秀才冥思苦想，无言可对，只得下田让路。三年后，张秀才看浚河工决堤引水，傍晚河工约会笑而返，恍然大悟，续上前联："两堤夫子笑颜回。"

这一故事有多个版本，其中一个版本中的主角变成了明代才子唐伯虎，前面的说法一样，才子唐伯虎也对不出"一担重泥拦子路"，只得下水让路。后面说，多年之后，唐伯虎外出访友，途中遇到一贪官坐船赏景，纤夫们拉着船唱着小曲很是惬意，唐伯虎脱口而出："两岸纤夫笑颜回。"

插秧图

·清代北京木版画·

古代插秧的故事中，有一个与诗有关，这就是布袋和尚的《插秧诗》：“手把青秧插满田，低头便见水中天。六根清净方为道，退步原来是向前。”我们寻常人看到插秧往往是想到插秧的辛劳，而布袋和尚感悟到的是人生哲理。低头，是人的一种谦卑状态，学会谦卑，可以看到自己的内心，也可以看到更遥远的世界，所以“低头便见水中天”。谦卑的人会想到退让，退一步海阔天空，所以“退步原来是向前”。

《插秧图》刻画四人在田间插秧或除草，一老人在田头送水的场景。画面表现了禾苗茁壮，农人辛苦的景象，令人想到“谁知盘中餐，粒粒皆辛苦”的诗句。插秧是往后倒退着插，因为如果往前插秧，一不小心就会将已插好的秧苗踩坏，所以“退步原来是向前”。

灌田图

·清代北京木版画·

此图亦名《车水图》。四人用脚踩蹬龙骨水车，一人用桔槔打水浇灌稻田。禾苗茁壮，呈现人寿年丰的愿景。龙骨水车约始于东汉，三国时发明家马钧曾予以改进。《后汉书·宦者传·张让》："又使掖庭令毕岚……作翻车渴乌，施于桥西，用洒南北郊路。"李贤注："翻车，设机车以引水；渴乌，为曲筒，以气引水上也。"《灌田图》中还描绘了另外一种灌田的工具——桔槔。据记载，早在商代时汉族人便使用桔槔灌溉，其机械原理是利用杠杆结构，前悬空桶，后坠重石，起落之间，汲水灌溉。但是即使借助这样省时省力的灌溉农具，到了六月，畦田水微，农人们还是要不停地灌田，其辛劳恰如康熙诗所写："转尽桔槔筋力瘁，斜阳西下未言归。"

担水图

·元代山西画像石·

一农夫到河边担水，或为浇灌农田，或为家用饮水。汲满一桶，担不离肩，桶不落地，又汲另一桶，表现了农夫的力量与熟练的担水技能，富有生活气息。

锄草图

·清代北京木版画·

在一块不规则的田里，三农夫艰辛劳作，锄草间苗，渴望丰年。古文称锄草为“耘”，今天我们所说的“耕耘”，就包括耕田和锄草。耕耘锄草在中国自古讲究一耘、二耘、三耘，即是讲耘田锄草的繁复工作。如水稻插秧后，要时时照顾苗情，一耘时，正是“丰苗翼翼出清波”的时候，不能让杂草与嘉禾争长，所以会经常铲除或用手拔出莠稗稂莠。而旱田的杂草，则是用锄头铲除。

锄草图

·清代北京木版画·

四农夫在田间锄草，边干活边聊天，辛勤劳作的同时，乐在其中。田间锄草没有树荫，其中有一人没有戴帽子，在烈日下汗流浃背。这足以印证清代雍正皇帝在《耕织图》诗中所写：“农夫勤瘁，穑事艰难。”

打场图

·清代北京木版画·

四农夫在稻场上挥动连枷打稻穗脱粒，高高堆起的稻垛如山，传达出一分耕耘，一分收获的含义。打场是农村俗语，古称“持穗”，俗称“打稻子”。图中可见打谷场上，两排稻穗摊平在地，谷穗相对，稻梗朝外，四农人持连枷抽打稻穗，使其脱粒。连枷，是一种多见于南方的打稻工具。在长木杆的一端横轴上装四根竹条或木条，用时高举甩转，落地抽打稻穗。丰收后，要趁天晴，抓紧时间打谷脱粒，以便晾晒。所以，此时乡村间到处是新谷登场、连枷声声的景象。此图源出《康熙御制耕织诗图》之耕第十七图《持穗》，取其局部，有所变化，更加简洁。康熙专门为此图写诗：“霜天晓起呼邻里，遍听村村打稻声。”

包公割麦

·潍县年画·

包拯（包公）二十一岁科考得中，授官定远知县。定远县的十二个差役来恭迎包大人走马上任，却听闻包大人正在田里割麦。差役们找到一个正挥汗如雨埋头割麦的小伙子，于是向他打听包拯包大人在哪里割麦。小伙子故意说：“我今日必须将这块地的麦子割完。”十二个差役下田很快将地里的麦子割完了，小伙却笑着说：“过几天再领你们去吧。”差役们扭住包拯一阵拳打脚踢，还要把他抓到衙门问罪。小伙说：“去衙门可以，我回家取两件换洗的衣裳。”小伙回家换上知县官服，气宇轩昂地走出门来。差役们个个目瞪口呆，磕头便拜，原来小伙就是包拯。潍县年画《包公割麦》将这一传说故事作了艺术化处理，多出了圣旨和大轿，将帮他割麦的十二个差役神化为“天官助工”，将定远知县的官职升格为“一品宰相坐”。

兄妹开荒

·凤翔年画·

《兄妹开荒》是 1943 年 2 月 5 日春节在延安演出的一出秧歌剧。剧中歌词只有二百七十多字，富有浓郁的泥土气息和农民特有的诙谐。如男：“扛起锄头上呀上山岗，站在高岗上。”合：“好呀么好风光。”女：“太阳太阳当呀么当头照，送饭送饭走呀走一遭，哥哥刨地多辛苦！”合：“怎么能饿着肚子来呀劳动？”女：“哥哥本是庄稼汉那么依呀嗨，送给他吃了。”合：“要更加油来更加劲来，更多开荒……”剧情十分简单的小戏演得生动活泼，富有情趣，当时武强年画艺术家就刻印了《兄妹开荒》年画，凤翔年画《兄妹开荒》也是表现这出秧歌剧的代表作之一。

四季平安之春夏

·平度年画·

平度年画《四季平安》，表现了农家勤忙一年四季的劳动场景。立春之后，人们就开始春耕了，此时需要备种子、修农具、送粪肥等。与此同时，对耕牛尤其重视，除了要用好草料精心饲养外，还借助民间信仰，祈求牛马平安。夏天也是农事的关键时候，要割麦子，又要锄地。夏季农事有很多讲究。如立夏及小满俱宜雨，谚云：“立夏不下，犁耙高挂；小满不满，芒种莫管。”夏至在五月中则谷贱，谚云：“夏至在月头，一吃一边愁；夏至在月中，愁杀粜谷翁。”夏至日又宜雨，为秋熟之兆。年画表现了春耕夏割还要锄草的农忙景象。

四季平安之秋冬

·平度年画·

秋天是收获的季节，也需要耕地。古代农业民俗崇尚精细，尤其是收获季节，有关习俗不少。立秋若在六月终，则早禾反迟，谚云：“六月立秋要到秋，七月入秋不到秋。”谷物将熟时，农民往往于田间插稻草人，草人穿衣戴帽，并于头上挂扎一串敬神祭鬼的金冥钱，旨在吓鸟驱鼠，防止庄稼被损。冬天是冬藏季节，又宜雨，谚云：“十月雨连连，高山也是田。”年画表现了秋季耕田，冬季扫除和施肥的场景。

春季里百花香

·杨家埠年画·

年画表现了春耕时节农民劳作和发展副业从而奔向富裕的画面。下面刻印有一首诗："春季里，百花香，党的政策暖四方。五谷丰登人欢笑，千家万户夸富强。面向北京心花放。"这首诗描绘党的十一届三中全会后农村欣欣向荣的面貌。1978 年冬天的一个夜晚，时任安徽凤阳县小岗生产队队长的严俊昌召集全队社员，秘密商讨分田单干。尽管这样的行为在当时很可能被定罪坐牢，但被饥饿阴影笼罩着的十八位农民，在一张皱巴巴的白纸上按下了充满悲壮意味的鲜红手印……1979 年秋，小岗村取得大丰收。1980 年春节前，时任安徽省委书记的万里专门来到小岗村考察，看见家家粮满囤，户户谷满仓，万里的意见是，大包干只要能增产，不仅今年干，明年还要干。

夏季里麦儿黄

·杨家埠年画·

年画刻画了夏季里农民收割丰收的场面。画下面刻印有一首诗："夏季里，麦儿黄，责任田里收割忙。丰收不忘党领导，喜售万斤爱国粮。支援四化献力量！"1980 年 9 月 27 日，中共中央印发了《关于进一步加强和完善农业生产责任制的几个问题》的通知，指出可以包产到户，也可以包干到户。好的政策和制度，大大激发了农民的劳动积极性。《夏季里麦儿黄》表现了改革开放后农村的大丰收场景。

冬季里梅花俏

·杨家埠年画·

《冬季里梅花俏》年画表现了冬季农村通过多种经营发家致富的画面。画下面刻印有一首诗："冬季里，梅花俏，多种经营搞承包。能工巧匠显身手，经济收入年年高。振兴中华立功劳。"杨家埠年画四季图，描绘出党的十一届三中全会后农村火热的劳动场面，以及一派欣欣向荣的新气象。

南风吹麦儿黄

·杨家埠年画·

年画描绘了秋收时节农民割麦打麦的繁忙劳动景象。画下面刻印有一首诗：“南风吹，麦儿黄，责任田里好景象。张家忙，李家忙，为了四化多打粮。”杨家埠新时期的这组年画，是年画艺术家和民间刻版艺人共同创作和制作的结晶，真实地表现了我国农村改革开放后热火朝天的劳动生产画面，富有时代精神，成为改革开放初期农村劳动年画的经典。

养殖图

五

养蚕牧马的故事

蚕姑宫

·潍县年画·

潍县年画《蚕姑宫》画面布局分上中下三层，层次分明，是一个神人共居的空间。最上层是蚕姑娘娘，自然居上而坐；中间一层为妇女养蚕的劳动画面，最下一层是妇女采桑树叶的劳动情景。此年画可贴用，亦作为祭祀蚕姑娘娘所用之纸马，是农历二月初十蚕姑娘娘生日后、新丝上市之际，祈福迎祥必备之图像。

桃花坞年画中也有蚕月、蚕事题材的年画，如《逼鼠蚕猫》《猫蝶富贵蚕花茂盛》《蚕花茂盛》《黄猫衔鼠》等年画。蚕月里，“蚕姑娘娘”比较娇嫩，很怕声音，也怕风尘与寒冷，又怕异味污染，如果在门上贴上这些年画，人们看到后就不会再擅自进入别人家的蚕室。

养蚕

·清代北京木版画·

宽敞的蚕房中，一女子卧榻休憩，两女子护理蚕虫，架子上整齐地摆满了蚕虫。我国是世界上最早养蚕的国家，《夏小正》中的二月就有“妾子始蚕”“执养宫事”等养蚕的记载。“宫”是南北朝时候的解释，即指蚕室。商代的甲骨文中，与“蚕”“桑”“丝”“帛”等字有关的字多达一百零五个，可见养蚕和丝织在当时社会生活中已十分流行。

中国养蚕的历史始于三千年前。1926 年，考古工作者在山西夏县西阴村新石器时代遗址中，发现了一个被切割过的蚕茧，据分析是家养的蚕茧。1958 年，考古工作者在浙江吴兴钱山漾新石器时代的遗址中，发现了一批盛在竹篮里的丝织品，其中有绢片、丝带和丝线等，这说明当时已经有了发达的蚕桑丝织生产，人工养育家蚕在当时已经很普遍。

择蚕

·清代北京木版画·

宽敞的蚕房中，四女子正在择蚕，架子上放满了蚕虫。中国养蚕业尊嫘祖为始祖，传说，远古时候，西陵部落里有位叫嫘祖的公主在一株桑树下搭灶烧水，一只蚕茧从桑树上掉进烧沸的水锅里。嫘祖用了一根树枝去打捞蚕茧，谁知蚕茧没有捞起，却捞起一根洁白透明的长丝线。嫘祖想起她和姑娘们一起用植物筋织布的情景，产生了用这种丝线来代替植物筋纺织的念头。她又采了几颗蚕茧绕成丝线，动手一试，果然织成了一块白白的丝绸，往身上一披，又柔软，又漂亮。嫘祖开始教部落里的姑娘们到野外采集桑树上的蚕茧，抽丝线织绸。后来她自己采桑养蚕，缫丝织绸。因为嫘祖最早开始采桑养蚕，后来的蚕农们就尊称她为“先蚕神”，又称为“蚕姑娘娘”。

牧马图

·元代山西芮城画像拓片·

《牧马图》亦名《五马图》。中国历代有无数画马名家，元代以前，画马最厉害的画家是唐代的韩干，因此画史上最著名的画马故事说的也是韩干。韩干白天和马混在一起，晚上就睡在又臭又脏的马厩里。他对马的一个细节往往会呆呆地观察几个小时，然后将马的习性、脾气、动作、姿态一一记录下来和描绘下来。起初，宫廷里的人都感到很诧异，以为他疯了，竟会住在马厩里。但当他们看到韩干画遍了皇宫和王府中的无数名马，创作出《六马图》《洗马图》《凿马图》《战马图》《八骏图》《百马图》时，都赞不绝口。韩干画马存世真迹仅有两幅，《照夜白图》现藏于美国大都会博物馆，《牧马图》现藏于中国台北“故宫博物院”。

牧马图

·元代山西芮城画像拓片·

此画亦名《八骏图》。八骏是传说中周穆王驾车用的八匹骏马，传说能日行万里。《拾遗记·周穆王》所载的八马以速度命名："王驭八龙之骏：一名绝地，足不践土；二名翻羽，行越飞禽；三名奔宵，夜行万里；四名超影，逐日而行；五名逾辉，毛色炳耀；六名超光，一形十影；七名腾雾，乘云而奔；八名扶翼，身有肉翅。"而《穆天子传》记录的八马是以毛色命名，火红色的马名为赤骥、纯黑色的马名为盗骊、纯白色的马为白义、青紫色的马为逾轮、灰白色的马为山子、鹅黄色的马为渠黄、黑鬃黑尾的红马为华骝、青黄色的马为绿耳。《牧马图》刻画的八骏中，牧马人使劲拽拉马缰，烈马桀骜不驯，牧马人拼力控制。八匹骏马各具风姿。

牧马图

·元代山西画像拓片·

两匹马被拴在树上，树下坐一小憩的牧童。中国古代的牧童传说故事中，《牧童和仙女》最令人喜爱。传说很早很早以前，长白山下有个孤儿以放牧为生，大伙儿都管他叫“牧童”。这牧童心地善良，还吹得一手好洞箫。一天，牧童赶着牛羊进了山，坐在石头上吹洞箫，突然一只美丽的小鹿从山上滚了下来。小鹿哀求说：“快救救我吧！后边有一个猎人正在追赶我。”善良的牧童救了小鹿。小鹿告诉牧童，它是天上仙女的宠物，天上有七个美丽的仙女……牧童按照小鹿的指点，和一个仙女成了亲，牧童放牧，仙女织布，小日子过得甜甜蜜蜜……

牧马图

·元代山西画像拓片·

此画亦名《牵马人》，表现了牧人驯服、调教烈马的画面，令人想起《伯乐相马》的传说，所以也有人称此画为《伯乐相马》。伯乐本名孙阳，是春秋时期的人。传说，伯乐受楚王（一说是虞国国君）的委托，购买能日行千里的骏马。伯乐跑了好几个国家仔细寻访，没发现中意的良马。一天，伯乐看到一匹马拉着盐车，吃力地在陡坡上行进。马见伯乐走近，突然昂起头大声嘶鸣，伯乐立即从声音中判断出，这是一匹难得的骏马。伯乐买下了这匹千里马，直奔楚国。楚王一见这马瘦得不成样子，认为伯乐愚弄他。伯乐说服楚王，精心喂养，果然，马变得精壮神骏，喘息间已跑出百里之外。千里马为楚王驰骋沙场，立下不少功劳。后来，人们把精于鉴别马匹优劣的人称为“伯乐”。

牧马图

·汉代河南画像砖拓片·

此画亦名《牵马图》，刻画了一牧民正牵马欲行的画面，马儿倔强，不肯前行。

牵牛图

·河南许昌汉画像砖拓片·

尽管牛在帮助人类劳动上做出了巨大贡献，但仍逃脱不了被屠杀的命运。画面中屠夫一手拿铁器，一手牵牛，牛正奋力挣扎。

饲牛图

· 河南汉画像砖拓片 ·

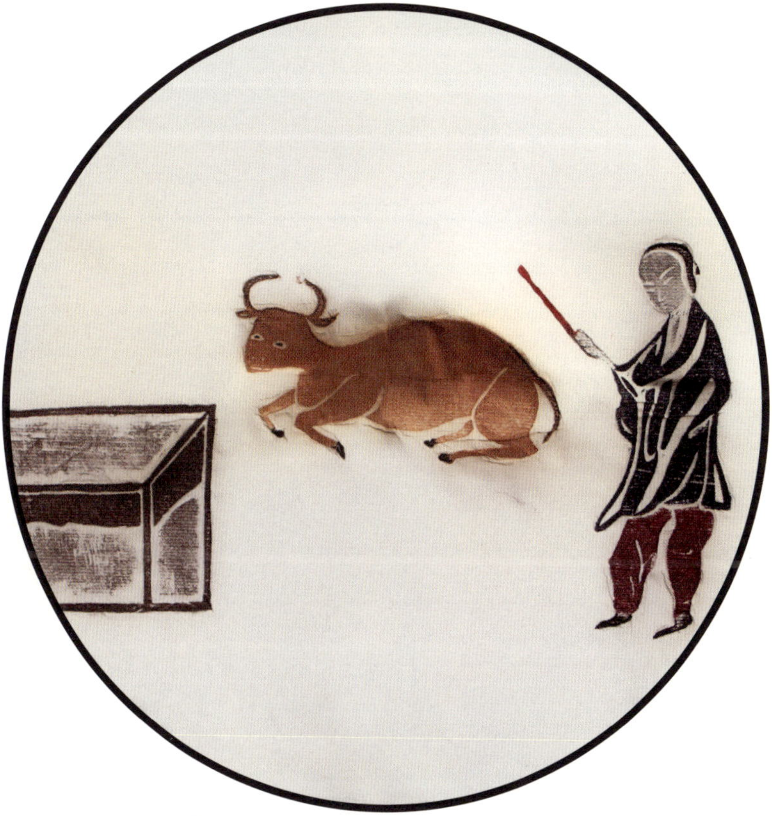

此画左为牛槽，右为饲牛人，表现了汉代饲牛的画面。中国驯化养殖牛至少已有七千年的历史，浙江余姚河姆渡和桐乡罗家角二处文化遗址中有水牛遗骸，证明约七千年前中国东南滨海或沼泽地带，野水牛已开始被驯化。牛在远古时代就被用作祭祀的牺牲品。古文献记载每次宰牛多达三四百头，多于羊和猪的数量。周代祭祀时牛、羊、猪三牲俱全称“太牢”（一说太牢是肥育牛的畜栏）；如缺少牛牲，则称“少牢”，说明自古即以牛牲为上品。汉画像石、汉画像砖、唐代壁画中，有很多关于牛的图案，如二牛抬杠、牛耕田图、饲牛图等，多见于徐州地区汉墓石刻和嘉峪关、敦煌、榆林等地的壁画。

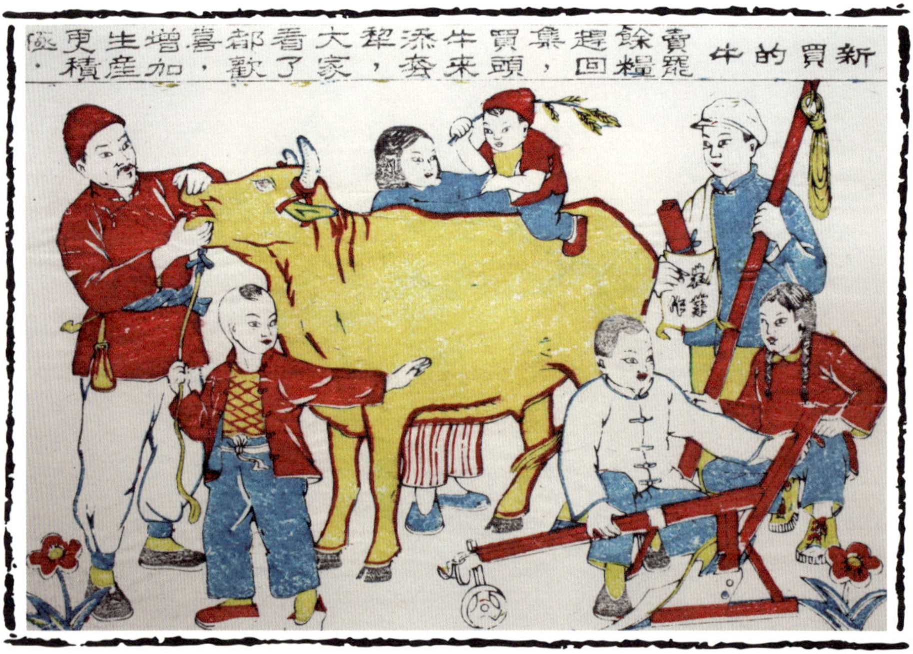

新买的牛

·杨家埠年画·

这是解放初土地改革时期创作的一张木版年画。此画表现了土地改革时期，农民有了耕地，调动了劳动积极性，取得丰收，才有余粮出售，用卖粮所得购买耕牛和犁，以利春耕。画面中一家男女老少都对新买的牛和犁感到新奇和兴奋。画上还刻印有一段文字：“卖罢余粮赶回集，买头牛来添套犁，大家看了都欢喜，增加生产更积极。”该年画富有强烈的时代气息。

莲塘乐

·桃花坞年画·

莲塘中有两头水牛，牧童骑在牛背上吹笛子，乐声悠扬，鱼跃鸟飞，仿佛美好的笛音吸引了这些有灵性的动物。两只牛也沉浸在笛音营造的氛围中，对面的水牛静静倾听，牛背上的鸟儿似乎也被笛声吸引，荷花因美好的笛音而欣然开放，大自然中的一切呈现出情调之美。张晓飞创作的《莲塘乐》表现的不仅是动物之乐，还有牧童放牧劳动之乐、劳动之诗意。

《物阜年丰》为杨家埠年画艺术家王法堂创作，刻画了农家养殖女子饲养奶牛的场景，突出了人勤奶香这一主题。杨家埠新年画富有浓郁的乡土气息，从《物阜年丰》画面上可感受到一种扑面而来的乡土味，这种乡土味是通过地域特色体现出来的，包括服装和装饰物，其乡土气息体现得尤为鲜明。

门前自有致富路

·杨家埠年画·

《门前自有致富路》为杨家埠新年画的本土创作领军人物季乃仓的作品，入选第六届全国美展。季乃仓系中国美术家协会会员，曾任潍坊市美术家协会主席，年画代表作还有《和平幸福》，入选第七届全国美展、第四届全国年画展、菲律宾中国木版年画展；《一方有难八方援》，入选第五届全国年画展；《妈妈教我一支歌》，入选第六届全国年画展等。《门前自有致富路》突出了勤劳致富的主题，画中的女子走出大门的动作姿态，及门口的家禽与女子互动，技法看似稚拙单纯，却不失清新雅致，很好地表现了民间年画中一派天真烂漫的活泼气息。

采摘图

摘棉采莲的故事

六

六月枇杷黄如金

·桃花坞年画·

苏州枇杷自古闻名，苏州洞庭东、西山的枇杷栽培在宋代陶谷的《清异录》中已有文字记载，明代《学圃杂疏》中有洞庭山所产枇杷为天下之最的评述。《六月枇杷黄如金》为桃花坞年画艺术家张晓飞创作的年画作品。张晓飞的年画生动表现了吴地人民的欢快生活和幸福人生，表现了大众美好的理想和善良愿望，画面求真求善求美，朝气蓬勃，观之不仅令人神清气爽，而且有一种牵引人的力量，催人上进，激励奋发。从《六月枇杷黄如金》中，可感受到他的作品中惯有的清新刚健之气韵。

采棉图

·清代保定石刻拓片·

《采棉图》源自《棉花图》。清乾隆三十年（1765 年）四月，河北保定直隶总督方观承将棉花种植、纺织及炼染的全过程工笔绘画十六幅，装裱成《棉花图册》，在册首恭录清圣祖康熙的《木棉赋并序》，并在每幅图后面配以说明文字，呈送乾隆皇帝御览。乾隆应方观承的请求，为《棉花图册》的每幅图题了七言律诗，并准予将方观承所作诗句附在每幅图的末尾。

《棉花图》包括乾隆的题诗被刻在二十块端石上。全文为阴文线刻，线条精细，房舍规矩，人物鲜活，画面各具形象，主题反映当时农民艰苦劳作情景，有浓厚的生活气息。再加上有乾隆皇帝的题诗，其诗笔法苍劲，挥洒传神，堪称难得的艺术珍品。原石保存在河北保定市莲池书院之壁间，后归河北博物院收藏。

采棉图

·清代保定石刻拓片·

三女子摘棉花，一人提篮，两人身系包袱，体态轻盈，动作逼真。辛勤的劳作，在画家的笔下描绘得富有诗意，表现了“劳动最美”这一主题。两张采棉图均取自《棉花图》石刻之《采棉》，一图分为两图。《棉花图》石刻之《采棉》图左刻有文字：“花落实生，实实亦称花，惟棉为然，花似葵而小，有三色，黄白为上……”乾隆帝诗为大字行草：“实亦称花花实同，携筐妇子共趋功。非虚观却资真用，植物依稀庶子风。”方观承诗小字附后：“入手凝筐暖更妍，装成衣被晚秋天。谁家十月寒风起，犹向枝头拾剩棉。”

《果熟时节》为桃花坞年画艺术家王祖德创作的年画作品，刻画了一对男女青年恋人采摘橘子（或枇杷或苹果），间隙背靠背坐在果树下休憩的画面。吹箫男子的箫声吸引来了一对喜鹊，挑篓和提篓中满是金黄和橘红的水果。果熟时节，也是爱情果熟蒂落的时节，喜鹊双双来报喜，沉醉于爱情和丰收喜悦中的恋人脸上洋溢着满满的幸福。王祖德年画创作硕果累累，其中《春暖花开》等四幅获轻工部（现已撤销）优秀作品奖和江苏省工艺美术百花奖，《农家乐》获全国风俗画大奖赛三等奖，《渔家书屋》获第六届全国年画展金奖等。

·桃花坞年画·

《时鲜货》为桃花坞年画艺术家张晓飞创作的年画作品，画面饱满，密布苹果、莲藕等时鲜果实，色彩鲜艳，表现了江南女子采摘水果、莲藕等获得丰收的喜悦画面。张晓飞提倡的创新是在传统和现代结合的基础上的创新。他有一个观点："一味守旧是守不住的，一个时代应该有一个时代的桃花坞。"所以，张晓飞始终在探索传统与现代更完美结合的表现手法，在他的年画《时鲜货》中，我们可以感受到在传统形式中体现出的强烈的现代意识，注重渲染平民百姓的喜怒哀乐，带给读者和观众一种自然美的共鸣与联想。

江南可采莲

·桃花坞年画·

《江南可采莲》为桃花坞年画艺术家张晓飞创作的绝版作品，有人把它当成水印套色木刻版画作品，其实是年画作品，只是借鉴了水印套色木刻版画的技法，做出了水印版画的效果。《江南可采莲》画题取自汉乐府民歌：“江南可采莲，莲叶何田田。鱼戏莲叶间。鱼戏莲叶东，鱼戏莲叶西，鱼戏莲叶南，鱼戏莲叶北。”原作或是一首情歌，以鱼儿戏水于莲叶间暗喻青年男女在劳动中相互爱恋的欢愉和甜蜜。张晓飞画中保留了劳动的欢悦之情，但将恋人置换为母女情深，“莲”不仅表现恋人之“怜爱”，亦表现为母女之“怜爱”。

《桑叶新绿》为桃花坞年画艺术家庄素英创作的年画作品，表现了女子采摘桑叶用于养蚕的劳动画面。画名取自宋代诗人范成大的《春日田园杂兴》："柳花深巷午鸡声，桑叶尖新绿未成。"诗中表现的是无情思的心绪，"春有百花秋有月，夏有凉风冬有雪；若无闲事挂心头，便是人间好时节"。

但画的意境与诗境又是截然不同的，画中表现的是桑叶绿了，采桑女子正在繁忙地劳动。诗中主旨是闲适之美，画中主旨是劳作之美。

渔樵耕读

七

四季勤劳的故事

这是一张明清古版年画，将渔樵耕读集于一图。关于渔樵耕读有很多传说故事，不同的故事往往有不同的人物。有一说认为，"渔"为殷商时代的吕尚，即民间传说中的姜太公。他在渭水河边钓鱼，所谓愿者上钩，最后没有钓到鱼，而钓到了周文王（一说周武王），后来姜太公辅佐周武王灭掉商纣。

"读"是以读书教学为业的春秋鲁人孔子，曾周游列国，聚德讲学，以礼为本，被后人尊为读书人的典范、天下读书人的先师。

凤翔年画《渔樵耕读》表现的是农耕社会的四业渔樵耕读，代表了民间的基本劳动生活方式。古代人之所以喜欢渔樵耕读图画，应是对这种田园生活的恣意和淡泊自如的人生境界的向往。

渔樵耕读之樵

·潍县年画·

潍县年画《渔樵耕读》为清代刻版。关于渔樵耕读年画的寓意有多种说法。其中有代表性的说法是，“渔樵耕读”典故之“渔”的原型是东汉的严子陵，他是汉光武帝刘秀的同学，才高八斗，刘秀很赏识他。刘秀当了皇帝后多次请他做官，都被他拒绝。严子陵一生不愿为官，隐于浙江桐庐，垂钓终老。李白有诗云“昭昭严子陵，垂钓沧波间”。

渔樵耕读之渔

·潍县年画·

“樵”的原型是汉武帝时的大臣朱买臣。班固《汉书》记载朱买臣出身贫寒，靠上山砍柴卖柴为生，但酷爱读书。妻子不堪其穷而改嫁他人，他仍自强不息，不断学习，熟读《春秋》《楚辞》，后由同乡严助推荐，当了汉武帝的中大夫、文学侍臣。

画中山峦层叠，山上树木森森，春意盎然。在弯弯山路上，砍柴下山的樵夫正身背一捆树枝柴火，行走在山径上，心绪回荡在逢春的草木中……观画者根本看不到劳动的艰辛，只有淡泊躬行的适意。

渔樵耕读之耕

·潍县年画·

“耕”所指的通常是“舜耕历山”的典故。“舜耕历山”的记载最早见于《墨子·尚贤下》：“昔者，舜耕于历山，陶于河濒，渔于雷泽，灰于常阳，尧得之服泽之阳，立为天子。”

传说舜为人忠厚仁慈，相传他牵牛耕地时牛走得太慢，他不忍心鞭打黑牛，就在牛屁股下面吊个簸箕，敲打簸箕，牛一受惊就走得快了。此事恰好被微服私访的尧看见，他想此人能以仁治畜，如为王定能以仁治民。于是尧选舜为官，并把自己的两个女儿娥皇、女英许配给舜为妻。有的年画表现的“耕”是舜在历山下教民众耕种的场景。相传有象为之耕，有鸟为之耘，又有的年画描绘“舜耕历山”的画面上有一头大象。潍县年画《耕》，刻画一老农肩扛农具钉耙行走在垄田上的画面，破土萌芽的禾苗行脊分明。

渔樵耕读之读

·潍县年画·

“读”通常是描绘苏秦埋头苦读的情景，古代悬梁刺股的成语，其中“刺股”就出自苏秦埋头苦读的故事。苏秦字季子，东周洛阳人，在齐国受业于鬼谷先生。苏秦为博取功名就发奋读书，每天读书到深夜，每当要打瞌睡时，他就用铁锥子刺一下大腿来提神，他勤奋读书学习，终于成为战国时期著名的纵横家。中国传统文化一直以读书求取功名为人的至高追求，更有“凿壁借光”“映雪读书”“悬梁刺股”这样催人奋起读书的故事。

渔樵耕读之渔

·山西元代画像石拓片·

图中一人下水摸鱼，一人扛渔网站在岸上呼喊，表现了渔民的打鱼生活。该画像石刻于元代，作者当为文人。元代流行《渔隐图》，可以将此画看作元代汉族文人避世隐遁的渔隐生活写照。“渔隐”作为绘画题材始于唐代。唐代诗人张志和隐而不仕，以一叶扁舟垂纶捕鱼为乐，自号“烟波钓徒”。他创作了《渔父词》和《渔隐图》，使这一题材经久不衰。

在元代，面对蒙古政权的高压统治，没有政治出路的汉族文人纷纷避世隐遁，所以在他们创作的《渔隐图》中，“隐逸”的意味特别强烈。

渔樵耕读之樵

·山西元代画像石拓片·

画中的背柴樵夫，左手拿长柄镰刀，右手提桶，家犬跟随其后。画面人物、动物形象生动，农家樵夫生活意趣盎然。

也有人说，渔樵耕读之樵夫是指钟子期。一次，钟子期在砍樵的归途中，听到春秋时的晋大夫伯牙舟泊江边操琴，钟子期听到琴声意在高山，驻足曰“巍巍乎若山”，又听到志在流水，曰“荡荡乎若流水”。伯牙感到遇知音，赞叹不已。后子期死，伯牙劈琴绝弦，终身不复操琴。

渔樵耕读之耕

·山西元代画像石拓片·

画面上一老农年老体健，辛勤劳作，令人想到黄牛精神，不减当年。中国的牛耕技术已延续两千多年，对中国古代农村生产和生活的影响非常深刻，甚至有些地名就以“牛耕”命名。如山西晋中有一条河，源出原黄彩乡伽东沟，经晋中多地，注入潇河。因这条季节河途径杜堡村，故名“杜堡沟水”。因当地牛耕文化深厚，又名“牛耕河”。从山西元代画像石拓片《牛耕图》，亦可见当地牛耕文化之一斑。

·嘉祥汉画像石拓片·

此图为山东嘉祥汉画像石拓片，图中人物为子路。子路名仲由，又字季路，系孔子七十二弟子之一、“孔门十哲”之一，受儒家祭祀。《二十四孝》中的《为亲负米》，讲述的就是子路的故事。一次，子路年老的父母想吃米饭，可是家里穷得一点米也没有，小小的子路翻山越岭走了十几里路，从亲戚家背回了一小袋米，邻居们都夸子路是一个勇敢孝顺的好孩子。长大后的子路性情刚直，好勇尚武。《史记》记载，他志气刚强，性格直爽，头戴雄鸡式的帽子耍威风，佩戴着公猪装饰的宝剑以显示自己的无敌，最初他瞧不起孔子的学说，屡次冒犯欺负孔子。孔子以礼乐仪式慢慢加以引导，后来，子路请求成为孔子的学生。从此，子路跟随孔子周游列国，做孔子的侍卫，成了读书之人。

渔樵耕读之渔

·高密年画　吕蓁立绘·

《渔樵耕读之渔》描绘的是“鹬蚌相争，渔翁得利“的画面，左上文字是“鹬蚌相持沙滩，渔人得利而还”。

鹬蚌相争典出汉代刘向所著《战国策·燕策》：赵国将要出战燕国，苏代为燕国对惠王说：“今天我路过易水，看见一只河蚌正从水里出来晒太阳，一只鹬飞来啄它的肉，河蚌马上闭拢，夹住了鹬的嘴。鹬说：‘今天不下雨，明天不下雨，就会干死你。’河蚌则对鹬说：‘今天你的嘴不吃东西，明天你的嘴不吃东西，就会饿死你。’两个互不相让，结果被一个渔夫看见，轻易便将它们一起捉走了。现在赵国将要攻打燕国，燕赵如果长期相持不下，我担心强大的秦国就要成为那不劳而获的渔翁了。所以我希望大王认真考虑出兵之事。”赵惠文王认为这个故事有道理，便停止出兵攻打燕国。后来，鹬蚌相争就成了一个成语，比喻双方相持不下，而使第三者从中得利。

渔樵耕读之樵

·高密年画 吕蓁立绘·

图右上文字是“白日打柴夜读圣贤”，源于《北史·崔光传》：“（崔光）家贫好学，昼耕夜诵，佣书以养父母。”“佣书”是指印刷术发明之前，只能手抄书籍，“佣书”就是受雇抄书，获取报酬。“昼耕夜诵”在这里描述的是崔光的故事，说他白天耕种农田，忙于农事，夜晚争分夺秒读书。民间年画中的“白日打柴夜读圣贤”文字，实乃“昼耕夜诵”的口语化。

高密年画《樵》画面虽表现的是樵夫打柴一天肩扛柴火归家的辛劳，但令人想到一句熟语“欲知山中事，须问打柴人”，“白日打柴夜读圣贤”蕴含的道理是知行合一，正如宋代诗人陆游的一首诗：“古人学问无遗力，少壮工夫老始成。纸上得来终觉浅，绝知此事要躬行。”可见，渔樵耕读之樵并不简单，世事万物，必须亲自实践躬行才能了解情况，懂得道理。

渔樵耕读之耕

·高密年画　吕蓁立绘·

图中文字是“日出而作日息而休”，意思是太阳升起就劳动，太阳落下就休息。这句话已有五千多年的历史了，典出《击壤歌》：“日出而作，日入而息。凿井而饮，耕田而食。帝力于我何有哉？”相传《击壤歌》是尧时的歌曲，是中国最早的诗歌之一。“日出而作，日入而息”常被后世文人引用，描述先民纯朴的“太平景象”，表现了原始农耕时代的和谐生活及劳动规律。

渔樵耕读之读

·高密年画 吕蓁立绘·

图中文字是“为官心存家国，读书志在圣贤”。这句话的出处见《朱子家训》：“读书志在圣贤，非徒科第；为官心存君国，岂计身家。”图中老爷爷可视为《朱子家训》作者、宋代大儒朱熹，他正在教孙子读书，或在讲述汉代名将霍去病的故事。抗击匈奴决胜千里的霍去病有一句“匈奴未灭，何以家为”，正是“为官心存家国”的写照，霍去病为国浴血奋战，“金戈铁马气如虹，十万匈奴一扫空”，终使漠南无王庭。

渔樵耕读

·杨柳青年画·

这是一张杨柳青年画经典作品，为霍庆有刻版印绘。该年画和凤翔年画一样，亦是将渔樵耕读集于一图，不同的是，凤翔年画《渔樵耕读》描绘的是成人，表现的是真实的渔樵耕读劳动场景；杨柳青年画《渔樵耕读》描绘的是小孩，模拟渔樵耕读之戏耍，着眼于吉祥喜庆。两图采取了截然不同的表现手法，凤翔年画《渔樵耕读》是现实主义，杨柳青年画《渔樵耕读》是浪漫主义；凤翔年画《渔樵耕读》是写实，杨柳青年画《渔樵耕读》是写意。各呈其趣，并臻其妙。

渔家乐

打鱼致富的故事

八

捕鱼图

·徐州汉画像石拓片·

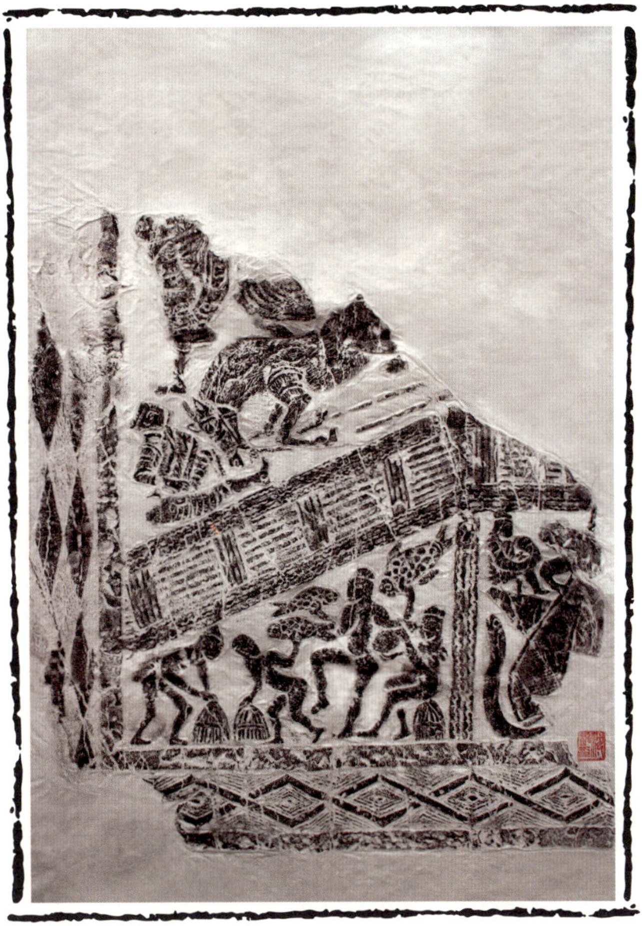

该画像石刻于东汉，出土于江苏徐州睢宁古墩汉代祠堂，现为徐州私人收藏。残石画面分为两层，上层是伯乐相马，刻画一人痛惜揽坐在一匹累衰的马前的画面。下层是捕鱼图，桥柱右为汉人在船上用网捕鱼，一条大鱼跃出水面；桥梁左刻绘四个男子裸体捕鱼的场面，是一幅难得的汉代艺术家歌颂劳动生活、表现人体美的佳作。

捕鱼图

·山西元代画像石拓片·

画面表现了两渔民在辛苦的捕鱼劳动中，坐在河面木排上饮酒，忙里偷闲，苦中有乐。捕鱼的最高境界不是捕鱼，而是从捕鱼升华到养鱼。春秋末年的范蠡在无锡太湖周边捕鱼，观察了解到鱼的习性，利用太湖水域进行人工养鱼。范蠡广泛搜集民间养鱼经验，结合自己的亲身实践，写了一本《养鱼经》，也名为《陶朱公养鱼经》，其中介绍了养殖鱼的知识，将养鱼的经验和技术，无条件地传授给别人。这部《养鱼经》被称为世界上最早的养鱼专著。

捕鱼图

·山西元代画像石拓片·

渔翁驾舟，撒网捕鱼。画面表现了渔民娴熟的捕鱼技艺，还有齐全的渔具。中国是一个渔业大国，有着悠久的捕鱼史，我们的先民以鱼为生，主要是靠捕鱼过上富裕生活，其中文财神范蠡和江南财神沈万三就是靠养鱼、捕鱼、打鱼致富而成为财神的。

鱼乐图

·凤翔年画·

《鱼乐图》是凤翔年画经典之作，这是一对门画，每张画上刻绘两个妙龄女子，一人肩扛鱼竿，一人手提（托）鱼篮。通常人们认为《鱼乐图》表现的渔妇钓鱼，表现的是“渔家乐”。

沈万三打鱼

·杨家埠年画·

沈万三是元末明初的首富。传说沈万三青年时赤贫，一夜，梦见百余青衣人向他大声求救。晨起后，见一渔夫，手持青蛙百余，正要剥皮。沈万三感悟梦中预警，于是用衣服将青蛙换回，置自家后院的水塘放生。青蛙彻夜达旦的吵闹，使他无法入睡。一天早晨，沈万三走到水塘边，发现众多青蛙环绕着一个陶盆喧哗，沈万三感到奇怪，将陶盆带回房中盛水，用来洗手。一天，沈万三的妻子洗手时不慎将一支银钗掉在盆中，不料银钗一变二、二变四，不一会儿已是满满一盆，不可胜数。她再试着投入一粒粟米，立刻就盈满粟米。于是，沈万三因有了聚宝盆而富甲天下。

还有一说，聚宝盆不是沈万三从后院水塘中捡来的，而是他打鱼时用渔网打捞起来的，所以有了这张《沈万三打鱼》年画，画上也写了他打鱼得到聚宝盆的情况："打的鱼儿堆成垛，卖的银子成了山，龙王赐他聚宝盆，富贵荣华万万年"。由此可见，财神也不是凭空得的，而是靠他勤劳打鱼致富。

沈萬三
北公義

劳动得鱼

·潍县年画·

清代年画《劳动得鱼》与清代木版年画《沈万三打鱼》同属劳动致富题材，图案相似，不同的是传统年画中的沈万三变成了一个老农民，站在渔船上撒网捕鱼，渔船上还有两个抱鱼娃娃及一堆网捕上来的鱼。《沈万三打鱼》中的龙王，变成了一个挑担的渔民，带着小孩准备去卖鱼。

劳动得鱼

·杨家埠年画·

这张新中国初期的《劳动得鱼》从清代年画《劳动得鱼》中脱胎而来，从一轮旭日东升的画面就可看出。红色旭日散发万道金光，是新中国初期年画、宣传画、剪纸乃至广告商标的标志性符号特征。

刺绣图

手绣列国的故事

九

柳荫绣女

《柳荫绣女》是组画《水乡四季图》其中的一幅画。《水乡四季图》分别截取春夏秋冬四个典型画面，表现了“小巷吴歌”“柳荫绣女”“太湖金秋”“水乡灯节”的热闹情景。《柳荫绣女》将人物置于特定的环境之中，重点表现水乡刺绣女的夏日刺绣劳动和生活，既表现了水乡的人，又表现了水乡的景。其构图丰满而富有装饰性，和传统年画图案的丰满与装饰有所不同，属于创新年画图案。该年画作为《水乡四季图》之一，荣获全国年画二等奖。

刺绣姑娘

·桃花坞年画·

《刺绣姑娘》是桃花坞年画艺术大师张晓飞创作的第一幅年画作品，当时他在刺绣研究所从事刺绣设计工作，天天接触刺绣，有生活积累，所以他一开始选择的就是他熟悉的题材。桃花坞年画和苏绣同出于苏州，所以新时期桃花坞年画多以苏绣为题材。苏绣的发源地在江苏苏州一带，江苏蚕桑发达，盛产丝绸，自古以来就是锦绣之乡。据西汉刘向《说苑》记载，早在两千多年前的春秋时期，吴国已将刺绣用于服饰。三国时代，吴王孙权曾命赵达丞相之妹手绣《列国图》，有“绣万国于一锦”之说。《刺绣姑娘》中苏绣艺人以针作画，专注于刺绣凤凰牡丹图，所绣作品栩栩如生，笔墨韵味淋漓尽致，巧夺天工。

刺绣图

·桃花坞年画　张晓飞·

《刺绣图》画中刺绣女子令人想到“手绣列国”的历史故事。据《拾遗记》记载，三国时，吴王孙权在与魏、蜀作战的军旅中，总希望得到一个善于作画的人，可以把山川地势、行兵布阵的图像画下来。丞相赵达有一个妹妹被称为赵夫人，擅长绘画，又能于纤纤玉指间以彩丝刺绣织出云霞、龙蛇花纹。孙权让赵夫人画九州岛、江湖、平地与山岳的形势，赵夫人说：“丹青之色，甚易歇灭，不可久宝，妾能刺绣，作列国方帛之上，写以五岳、河海、城邑、行阵之形。”地图绣成后，进献给孙权，孙权看了大喜，称之为“针（绣）绝（活）”。

四美图

·潍坊年画·

《四美图》是新中国版画艺术家创作、潍坊年画刻版艺人参与共同完成的年画作品，表现了刺绣、编织、剪裁、制陶的四位女子进行手工劳动的场面，画面洋溢着劳动的欢快和美好，给人一派明媚春光的感觉。画中四季花和花瓶代表吉祥寓意——四季平安。

烹饪图

彭祖雉羹的故事

制盐图

·四川汉画像砖拓片·

烹饪最重要的调料是盐，所以制盐和酿酒造饭一样，都属于烹饪劳动范畴。四川汉画像砖拓片《制盐图》出土于四川成都羊子山一号墓，亦名《盐井》。《制盐图》细致刻画了汉代井盐生产的情况，画面上的盐井有高架，装置着提取盐卤的滑车，滑车上吊着起重用的吊桶，四人站在井架上用滑车轱辘汲卤。盐卤正通过架设着的竹枧，经由井旁曲折的山溪，缓缓地流向盐灶烧着火的铁锅中。盐灶门前有一人正在管火，盐灶旁的山坡上有两人背着盐包吃力地运盐。《制盐图》表现了汉代制盐工人艰苦的劳动场面。

烹饪图

·汉画像石拓片·

这是汉画像石烹饪图的代表作之一，大约出自徐州。图案分为三层，上层是宾客宴饮图，下层是厨师和厨房工作人员在烹饪劳作。说到烹饪，人们都往往会讲述“彭祖雉羹”的故事。彭祖是中国烹饪史上第一位著名厨师，传说彭祖善于调制味道鲜美的雉羹（野鸡汤）。当时部落首领尧帝指挥治水，积劳成疾，卧病在床，生命垂危。彭祖下厨做了一道野鸡汤，汤还没端到跟前，尧帝远远闻见香味，竟然翻身跃起，一饮而尽，次日容光焕发。此后尧帝每日必食此鸡汤，虽日理万机，却百病不生。彭祖因此被尧帝封于大彭。

屈原在《楚辞·天问》中写道：“彭铿斟雉，帝何飨？受寿永多，夫何久长？”描写的就是这件事（彭祖亦名彭铿）。后来彭祖的“雉羹之道”逐步发展成为“烹饪之道”，彭祖被尊为烹饪祖师爷。彭城（现徐州）是我国唯一以厨师的名字命名的城市。

酿酒图

·成都汉画像砖拓片·

图中四人在酿酒，台下放着三个酒坛。早在仰韶文化时期，中国人就掌握了酿酒技术，大约在公元5000年前左右。《礼记》记载：“玄酒以祭，醴盏以献，故玄酒在室，醴盏在户。粢醍在堂，澄酒在下。”说明古代用酒来祭祀，对酒的好坏层次已有了明确划分。汉代酿酒技术得到了更大发展，汉人发明了酒曲技术来酿酒，汉代《齐民要术》的作者贾思勰将酿酒的曲分为神曲和笨曲，说明当时已经掌握微生物酿酒技术。《说文解字》对汉代酒曲的种类进行了详细的解释，“酿之再者曰酘”。酘就是投料。酿酒多至“九酝法”，就是九次投料酿酒。

造饭图

·北魏洛阳画像石拓片·

图为北魏时期河南洛阳宁万寿墓画像石拓片。图中六人，左二女，一执盘，一执壶；树下一人烧火，灶旁一人侍立，一人煮面；右一人做面食。该画像石传神地刻画出了北魏时期官宦富家厨房做饭的劳动场景。

造饭图

·元代山西画像石拓片·

图画中间是一灶，灶旁有油灯、筷筒、水罐等器皿。左一老者在烧火，右一后生在洗米，边做饭，边聊天，充满生活情趣。图画生动描绘了元代民间厨房灶台做饭的场景。

送饭图

·清代木刻画·

该图为拓片，创作于清代，原作藏于中国历史博物馆。画面左一男子挑担荷食，中一妇女左手提篮，右手托盘，一小儿拉玩具随其后，三人相随，送饭到田间，生活气息浓郁。

此图虽未直接表现烹饪画面，但烹饪之后的送饭，也属于烹饪劳动的最后一道程序。